Perdus dans le labyrinthe

UNE AVENTURE D'ADIBOU

Perdus dans le labyrinthe

Texte de Didier Lévy

Cet après-midi-là, Adibou et Plop
se promenaient dans la ville.
C'est alors qu'ils entendirent des grognements.
Tout étonnés, ils regardèrent autour d'eux.

– Ça vient du labyrinthe !
s'exclama Adibou.

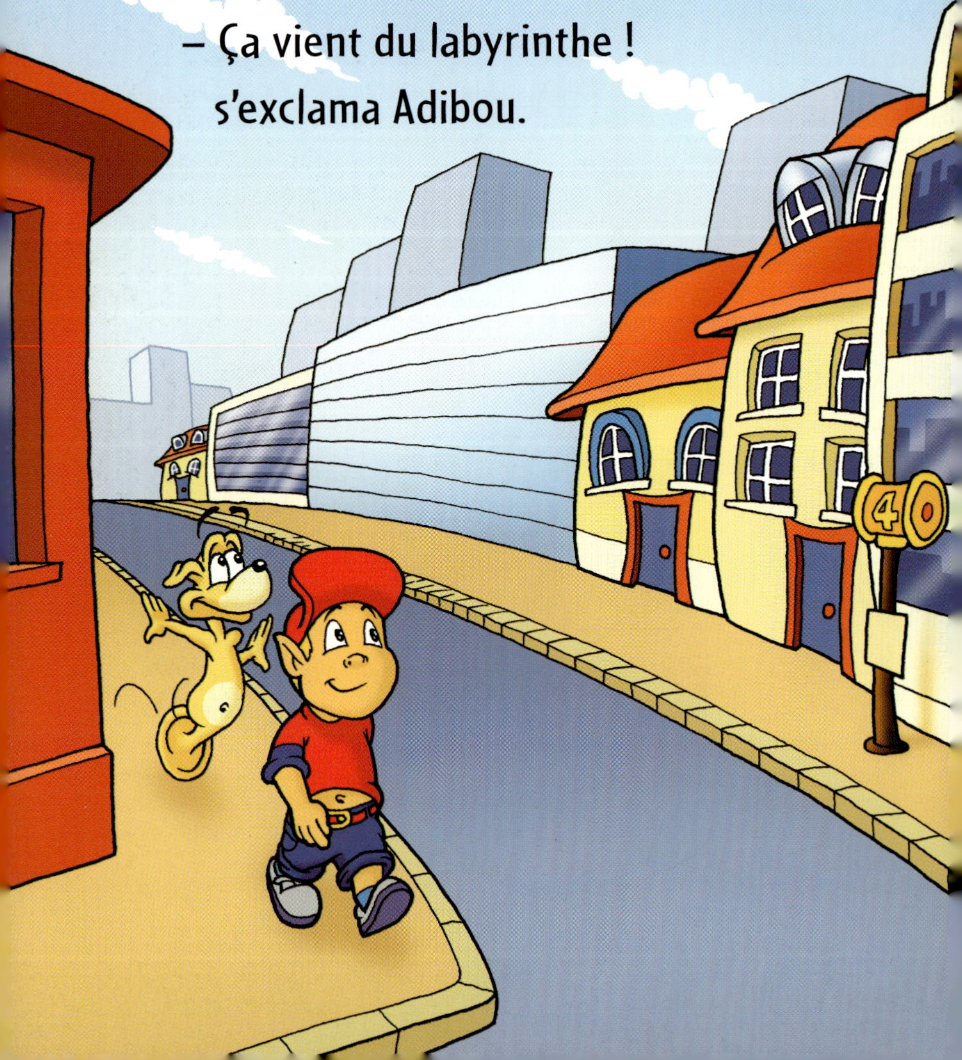

Ils coururent jusqu'à l'entrée du labyrinthe.
C'était un jardin magnifique.
Mais il fallait vraiment être très malin
pour ne pas se perdre à l'intérieur.
Les grognements étaient de plus en plus forts.
– C'est Bouzzy Goulum ! s'écria Adibou.

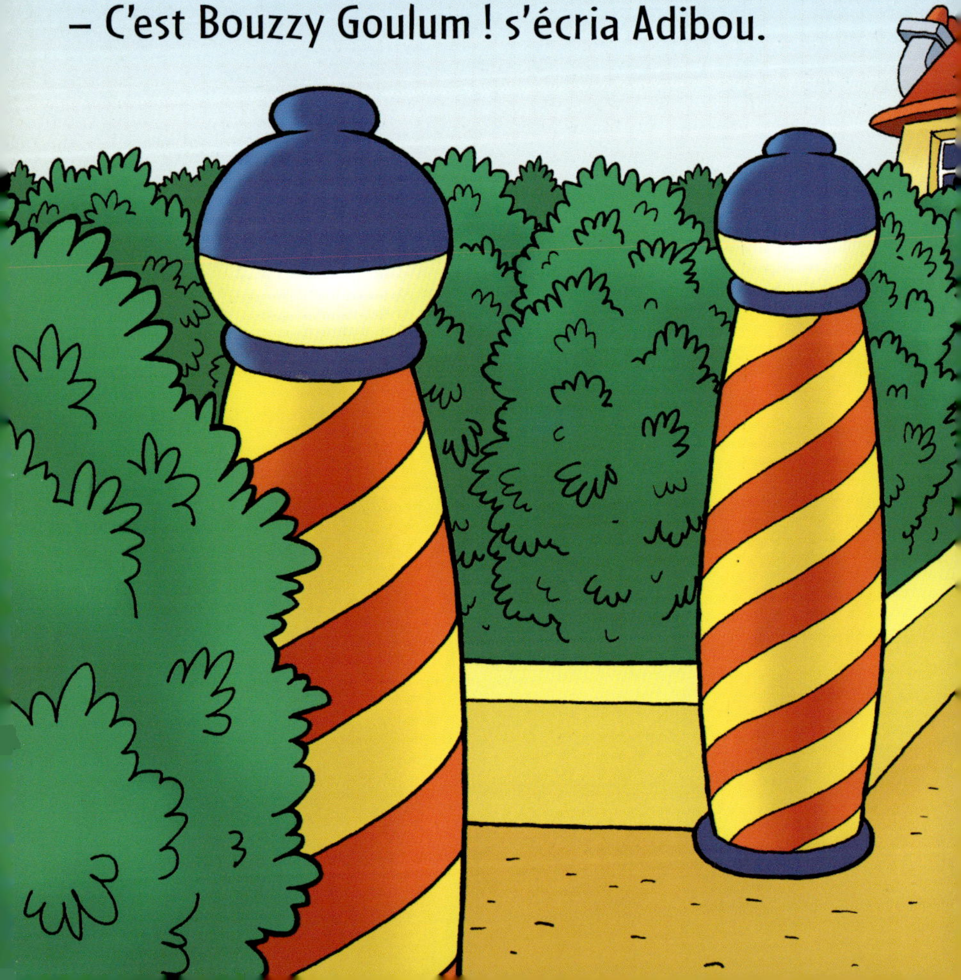

D'un seul coup, Plop s'élança.

– Plop ! hurla Adibou. Plop, reviens tout de suite !

Trop tard, le chien à ventouse sautillait déjà dans les allées du labyrinthe, bien décidé à ramener le monstre.

Plop allait-il trouver Bouzzy Goulum ?

Adibou, inquiet, attendait à l'entrée du jardin.

Les secondes, les minutes passaient lentement lorsque, brusquement, les aboiements du chien retentirent.

Plop venait lui aussi de se perdre.

« Le soir arrive, se dit Adibou en regardant le soleil. Il faut que je trouve vite une solution avant la nuit. »
Adibou réfléchissait en regardant le sol. Soudain, il se baissa et ramassa par terre une toute petite chose. Adibou tint la toute petite chose au creux de ses mains et il se mit à lui parler…

La nuit tombait.
On entendait désormais des pleurs.
Seuls, perdus au milieu du jardin sans fin,
Plop et Bouzzy Goulum en avaient assez.
– Courage ! cria Adibou, je vais venir vous chercher.
Plop, écoute bien mes instructions :
aboie de temps en temps et ne bouge
surtout pas.

Adibou installa délicatement la toute petite chose dans l'une de ses poches, et il s'enfonça dans le labyrinthe éclairé par la lune.

– Ouah !... ouah !... ouah !... aboyait Plop régulièrement.

– Continue, l'encourageait Adibou ! Continue ! Je me rapproche de toi.

Et au croisement d'une allée, Plop apparut.
Fou de joie, le chien se jeta dans les bras d'Adibou et lui fit de gros câlins.

– Partons à la recherche de Bouzzy Goulum ! dit Adibou.

Adibou aperçut alors
une étrange lueur
verte qui brillait plus loin
dans le jardin.
– Allons voir ce que c'est !
Adibou, méfiant, et Plop s'approchèrent
de la lueur. Elle était là, au virage suivant...

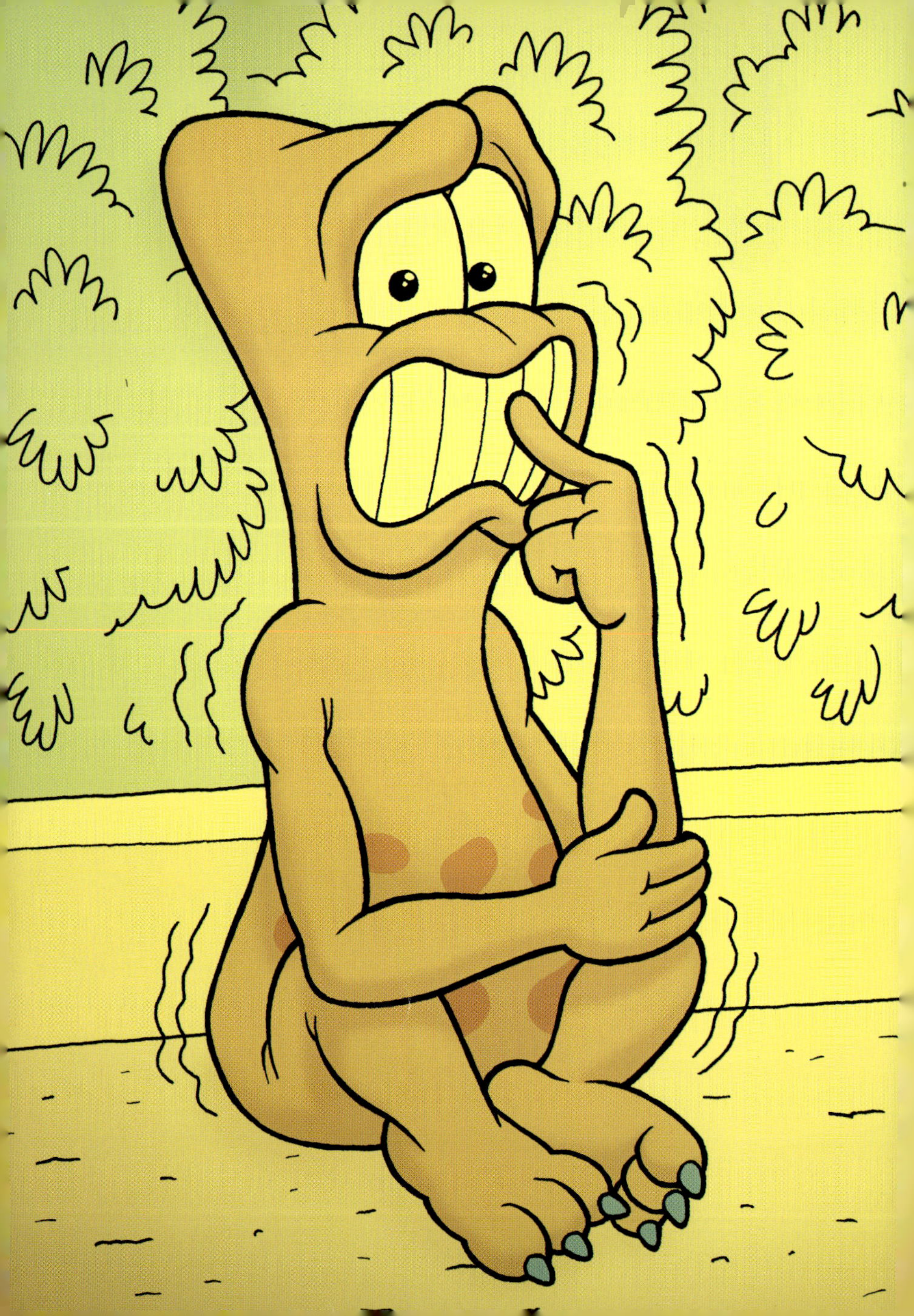

C'était Bouzzy Goulum !

Assis par terre, le monstre était vert de peur.

Tellement vert qu'il en était devenu phosphorescent.

– C'est nous, Bouzzy !

Le monstre retrouva aussitôt sa couleur,

et tout heureux, il se précipita vers Plop et Adibou.

– Restez bien près de moi, maintenant !
Je sais comment sortir du labyrinthe,
leur dit Adibou.

Longtemps, Adibou, Plop et Bouzzy Goulum
marchèrent dans les allées du jardin...

Enfin, l'entrée du jardin apparut.
Adibou avait réussi !
Et, bien sûr, Plop et Bouzzy Goulum
voulurent connaître son secret.
Adibou mit alors la main dans sa poche
et sortit la toute petite chose.
Chacun tendit le cou pour voir :
c'était une minuscule araignée.
– Elle s'appelle Ariane, déclara Adibou.
Et c'est grâce à elle que nous avons pu ressortir.
Son fil m'a servi de guide.
Les amis d'Adibou applaudirent,
et Ariane se mit à rougir.
Adibou remercia la petite araignée
puis il la reposa par terre.

—Depuis ce jour-là, tous ceux qui vont se promener dans le labyrinthe glissent une araignée dans leur poche. Sauf Bouzzy Goulum, qui trouve bien plus rigolo de s'y perdre, et de hurler comme un fou pour qu'on vienne le chercher !

Comptine de la nuit trop courte

Quelle pomme
ce Bouzzy Goulum !
L'hurluberlu
s'est encore perdu !
Ariane, s'il te plaît,
va vite le chercher,
sinon il va hurler
jusqu'à la fin de l'année !
D'avance, merci,
de la part de tes amis.

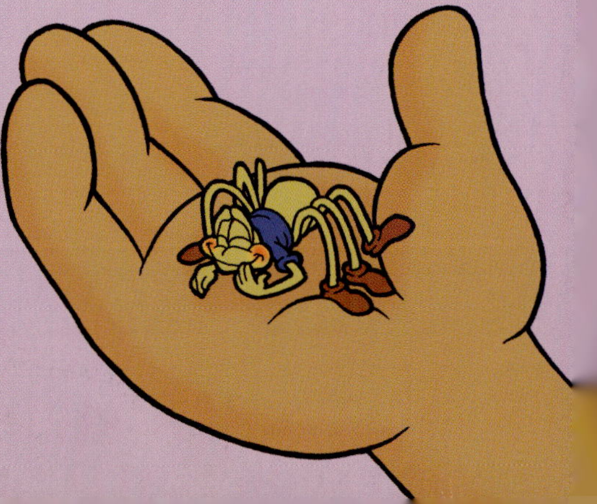

As-tu bien compris l'histoire ?

Alors réponds vite aux questions suivantes.

1. Bouzzy Goulum s'est perdu dans...
   - Un barylinthe
   - Un labyrinthe
   - Un tharylinbe

2. Qu'est-ce qu'Adibou met dans sa poche avant d'entrer dans le jardin ?
   - Un éléphant
   - Une araignée
   - Une brosse à dents

3. Que demande Adibou à Plop pour le retrouver ?
   - De chanter
   - D'aboyer
   - De sauter en l'air

4. De quelle couleur devient Bouzzy Goulum ?
   - Vert phosphorescent
   - Vert pistache
   - Vermillon

5. Qui trouve très drôle de se perdre dans le labyrinthe ?
   - Adibou
   - Ariane
   - Bouzzy Goulum

Illustrations : Bruno Liance / Nathan

Dépôt légal : mars 2001
Conforme à la loi n° 49.956 du 16 juillet 1949 sur les publications destinées à la jeunesse
ISBN : 209 210449-7